JN103891

ペク先生の
やみつき韓国ごはん

毎日ラクうま! おひとりさまレシピ

ペク・ジョンウォン 著　佐島顕子 訳

おうちでつくろう 本場の味

「自分のために」真心をこめて料理を。

ホンパブ（ひとりごはん）族のための厳選レシピ

韓国でも、家族の形はかなり変わってきています。最近はひとり暮らしの人が増え、「ホンパブ（＝ひとりごはん）族」という言葉も生まれました。本書は、そんなひとり暮らしの方々が、自宅で簡単に作っておいしく食べられるメニューを集めた1冊です。

ひとりなら、わざわざ作るよりも外食やテイクアウト、デリバリーでいいじゃないか。そう思うかもしれません。実際、材料を用意して料理をするのは面倒だし、時間がかかります。でも、せっかくなら「自分だけのために料理をする」という過程自体を楽しんでみませんか？　自分が食べるものを自分の手で作ることは、自分自身を大切にする心を持つということ。みなさんにそうあってほしいという願いをこめて、私はこの本を企画しました。

本書には、ラーメン、ごはんもの、うどん・そうめん、パン、おかず、おつまみ、ドリンクなど、韓国料理をベースにしつつも多種多様なメニューを載せました。ひとりで食べるだけでなく、恋人や友人、家族などが来た際に、簡単な材料でパパッと作っておもてなしができるメニューも紹介しています。また、「韓国式ホットソース」「東南アジア風ホットソース」「炒めコチュジャンソース」という秘伝の万能ヤンニョム（合わせ調味料）のレシピと活用法は、大いにホンパブ族の力になるはずなので、ぜひ参考にしてください。

さらに、料理初心者の方でもやさしく作れるよう、できるだけ多くの写真を使って調理工程を詳しく見せるようにしています。ただし、レシピと写真をお手本にしつつ、塩気や甘さ、酸味といった味つけの部分は、あなたの好みに従って自由に調節してくださいね。

今日は何を食べようか？　これは生活において実に重要な問いです。たとえ「ひとりごはん」でも、楽しく、おいしく食べることはとても大事です。この本を通して、みなさんが「自分のために」時間をかけ、真心をこめて料理をする楽しみを見つけてくれることを願います。加えて、自分で料理をしてみることで、いつも料理をしてくれる人に対する感謝も一緒に感じてくれたら幸いです。

ペク・ジョンウォン

ホンパブ（ひとりごはん）族のための
基本調味料と計量法 ☕

あると便利な韓国ごはんの調味料と食材

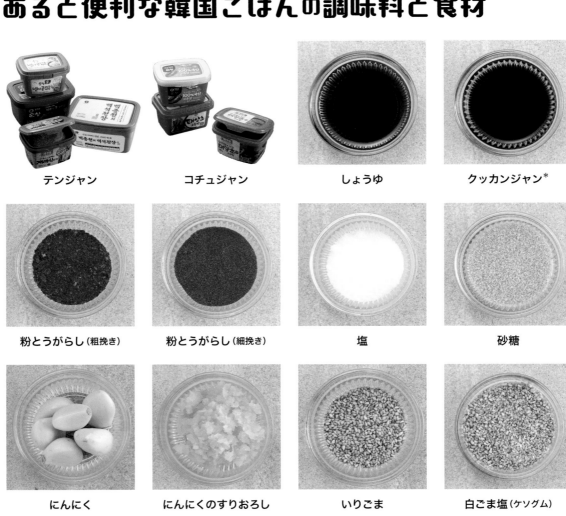

テンジャン	コチュジャン	しょうゆ	クッカンジャン*
粉とうがらし（粗挽き）	粉とうがらし（細挽き）	塩	砂糖
にんにく	にんにくのすりおろし	いりごま	白ごま塩（ケソグム）
粒こしょう	こしょう	アミの塩辛	カナリエキス（イカナゴの魚醤）**

ミョルチエキス(イワシの魚醤)**　　酢　　サラダ油　　オリーブオイル

ごま油　　バター　　煮干し　　昆布

干しエビ　　小麦粉　　チヂミ粉　　天ぷら粉

片栗粉　　オイスターソース　　料理酒　　ピーナッツバター

マヨネーズ　　カレー粉　　練乳

＊　薄口しょうゆで代用可能。
＊＊魚醤(しょっつる、ナンプラー
　　など)ならなんでも代用可
　　能だが、味の濃さの調節
　　が必要。

5

ペク先生流 かんたん計量法

- 本書の計量は「食事用スプーン」と「紙コップ」で！
- 「大さじ1」は、食事用スプーンで小盛り1杯（約15mL）。
- 「1カップ」は、紙コップ1杯（約180mL）。
- すべての調味料は、それぞれの好みによって量を加減してOK！
- 本書の「材料」は、特別な記載がない場合はすべて「1人分」。

約180mL　　大さじ1

日本語版編集部より

本書をより楽しむために

- 「食事スプーン」と「紙コップ」を使ったペク先生流の計量法以外に、日本と韓国で標準サイズが違う野菜などの食材については、グラムでも分量を表示しています。そちらを参考にしてください。
- 本書に登場する韓国の食材の多くは、一部大型スーパーや韓国食材店、ネットショッピングなどで入手可能です。しかし、中には日本で手に入りづらいものもあります。その場合は、代替可能な食材などを記しています。
- 生のとうがらしや、粉とうがらしを素手で触ると痛みを感じることがあります。必ず、使い捨ての手袋などを使って調理しましょう！

そろえておきたい常備保存食材4選

①インスタント麺*

ラーメンは韓国の国民食で、「ホンパブ族」とは切っても切れない関係。この本のレシピでは、通常通りゆでた麺のアレンジはもちろん、ときにはパスタ、チヂミに変身するなど、活用法のバリエーションは無限大！

②レトルトごはん

今日は麺よりもごはんの気分。でも炊くのは面倒くさい……。レトルトごはんは、そんなときの強い味方。レンジでパパッとごはんが用意できたら、チャーハン、丼もの、おむすびに挑戦してみたくなるはず。

③ツナ缶

どこでも簡単に、かつ安価で手に入るツナ缶は、麺、ごはん、パンと、どんな料理の具材にもなってくれる万能選手。おむすびに入れればお弁当に、つくねやカナッペに使えば酒のつまみにも活用できる。

④缶詰ハム（スパム缶）

おかずになる食材がない日でも、スパム缶さえあれば、それだけで「ごはん泥棒」に。炒めてもよし、ゆでてもよし。おかず、軽食、つまみなど、どんなメニューも素晴らしい料理にアップグレードしてくれる。

＊本書で使用するインスタントラーメンは韓国産のものを推奨。一部スーパー、韓国食材店、ネットショッピンクなどで入手可能。日本産のインスタントラーメンに粉とうがらしを入れて使うのもOK。

Contents

ひとり暮らしに役立つ万能ヤンニョム①
韓国式ホットソース

 PART 1 パパッとラクうま！
かんたんワンディッシュメニュー

ラーメンメニュー

ごはんメニュー

そうめん&うどんメニュー

 ひとり暮らしに役立つ万能ヤンニョム②
東南アジア風ホットソース

PART 2 おひとりさまを優雅に！
手軽にオシャレなパンメニュー

 ひとり暮らしに役立つ万能ヤンニョム③
炒めコチュジャンソース

PART 3 おもてなしにも便利！
おかず＆おつまみメニュー

ひとり暮らしに役立つ
万能ヤンニョム①
韓国式ホットソース

外食やデリバリーもおいしいけれど、
無性に「おうちごはん」が恋しい日ってありませんか？
こんなとき、自宅のキッチンで手軽においしいごはんができたらいいですよね。
「韓国式ホットソース」は、そんなあなたの強い味方。
このヤンニョム（調味料）には、特別な材料も、複雑な調理もいりません。
時間があるときに作っておけば、あとはいつものインスタントメニューに
サッと混ぜるだけ、またはチゲやスープを煮込む際にちょっと入れるだけで、
簡単に本格的な"韓国の味"が楽しめます。

한국식매운소스
韓国式ホットソース

とうがらしの辛さがクセになる、
「ホンパブ族」に絶対オススメのソース！

材料

煮干し…1カップ (35g)

青陽とうがらし*…10個 (100g)

にんにくのすりおろし…大さじ1

クッカンジャン [薄口しょうゆ]…大さじ2

砂糖…大さじ⅓

塩…大さじ1

水…1カップ (180mL)

＊青陽とうがらし(チョンヤンコチュ)は韓国の激辛とうがらし。
　青とうがらしで代用可能だが、辛さは控えめになる。

煮干しの量はお好みで調整を！

1　煮干しは頭と内臓を取り除く。

2　青陽とうがらしはへたを取って縦半分に切る。

冷蔵庫で長く保管した煮干しは特に
生臭さがあるけれど、乾煎りすることで
くさみを減らすことができる

3　フライパンを熱し、油を入れずに煮干しを乾煎りする。

4　煮干しをある程度煎ったら、水をそそいで強火で煮る。

5 沸騰してきたら青陽とうがらしを入れる。

薄口しょうゆがなければ、しょうゆでもOK

長く煮すぎると辛味が飛んでしまうので注意！

6 薄口しょうゆ、にんにくのすりおろし、塩、砂糖を入れ、軽く混ぜながら1〜2分煮る。

7 火を止めて器に移し、広げて冷ます。

8 十分に冷ましたらミキサーに入れて、青陽とうがらしが粗めに残るくらいのペースト状にする。

9 密閉容器に入れてふたを閉め、冷蔵庫で保管する。

tip

ベク先生のひとことメモ

韓国式ホットソースはなるべく早めに食べるほうがいいですが、密閉容器に入れて冷蔵保存すれば、最長1週間程度はおいしく食べられます！

韓国式ホットソースの活用法

韓国式ホットソースを一度作っておけば、次のページから紹介する「酔いざましラーメン」や
「テンジャンチゲ」はもちろんのこと、ごはんに混ぜて食べてもいいし、キムチチゲや
野菜スープに入れても楽しめます。また、にゅうめんに入れて辛さを加えたり、
ソーセージ野菜炒めやスープトッポッキに足して激辛仕様にしたりと、
アレンジは無限大。ぜひいろいろなメニューに活用してみましょう！

にゅうめん

普通のにゅうめんが淡白に感じられて飽
きてきたら、韓国式ホットソースで辛さ
を加えて楽しんでみましょう。スプーン
1杯分を入れるだけで、いつものにゅう
めんが特別な味に生まれ変わります。

ソーセージ野菜炒め

お酒のつまみやごはんのおかずになる
ソーセージ野菜炒めにも、韓国式ホット
ソースをひとさじ。さらに強力な酒泥棒、
ごはん泥棒になること間違いなし！

スープトッポッキ

辛い味つけのスープトッポッキを、韓国
式ホットソースでさらに辛くできます。激
辛でストレスをぶっ飛ばしたら、次の日も
またスープトッポッキが恋しくなる!?

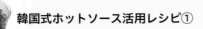

해장라면

酔いざましラーメン

ヒリヒリする辛さが二日酔いに効果てきめん！

$$\wr\wr\wr$$

材料

インスタントラーメン…1袋

長ねぎ…½カップ（30g）

韓国式ホットソース…大さじ1（18g）

ごま油…大さじ⅓

水…3カップ（550mL）

1 長ねぎは0.3cm幅の小口切りにする。

2 鍋に水をそそいで火にかけ、インスタント麺のかやく、粉末スープを入れて沸かす。

3 スープが沸騰してきたら、麺を入れる。

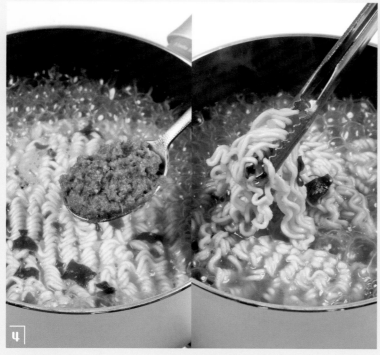

4 韓国式ホットソースを入れ、トングなどを使って麺とソースをよく混ぜる。

5 麺がほぐれたら、ごま油を入れて軽く混ぜる。

6 麺がゆであがったら、トングで麺だけを取り出して器の中央に盛りつける。

7 鍋に残ったスープに長ねぎを加え、火を止める。

長ねぎが余ったらトッピングに！

8 盛りつけた麺を持ち上げ、長ねぎ入りスープをそそいだら完成。

tip

ペク先生のひとことメモ

麺を持ち上げて下にスープをそそぐことで、麺のコシを生かし、さらに盛りつけの見た目もきれいにすることができます。

17

된장찌개

テンジャンチゲ

韓国おうちごはんの
定番き、超時短で
ササッと本格的に！

🏺 材料

木綿豆腐…180g

長ねぎ…½本（50g）

玉ねぎ…約¼個（62g）

テンジャン…大さじ1

韓国式ホットソース…大さじ1（18g）

水…1½カップ（270mL）

1
豆腐は2cm角のさいの目切り、長ねぎは0.5cm幅の小口切り、玉ねぎは2cm角の大きさに切る。

2
鍋に水を入れて火にかけ、テンジャンを入れる。

3
テンジャンがよく溶けるようにスプーンで混ぜる。

4
玉ねぎ、豆腐、長ねぎを入れ、強火で煮込む。

5
スープが沸騰しはじめたら、韓国式ホットソースを入れる。

6
材料をよく混ぜながらグツグツと煮る。

7
火を止めたら完成。

韓国式ホットソースさえあれば、辛くて香り高い本格テンジャンチゲも超簡単！

19

PART

1

パパッとラクうま！
かんたん
ワンディッシュメニュー

ひとり暮らしの食事は「ワンディッシュ」でパパッと食べられる
"ラクうま"なメニューが鉄板です。
ここでは、ホンパブ族にとって永遠のパートナーである「ラーメン」、
丼やチャーハン、おむすびといった「ごはんもの」、
さらには、お手軽ながらさっぱり口あたりがいい「そうめん・うどん」のレシピを紹介。
ペク・ジョンウォン流のアレンジで、
いつもの食材が「やみつき韓国ごはん」に大変身！

김치라면
キムチラーメン

「熟成キムチ×白ごま塩×ごま油」で香ばしさを
最大限に高めたペク先生流のキムチラーメン！

⚖️ 材料

インスタントラーメン…1袋

キムチ…⅔カップ（86g）

長ねぎ…大さじ3（21g）

ごま油…大さじ½

白ごま塩…大さじ⅓

水…3カップ（550mL）

キムチはまな板で切ると赤く染まってしまうので注意！

1 キムチはボウルに入れ、ハサミで小さく切る。

2 長ねぎは0.3cm幅の小口切りにする。

3 鍋に水をそそいで火にかけ、インスタント麺のかやく、粉末スープを入れて沸かす。

4 スープが沸騰してきたら、麺を入れる。

5 1のキムチを入れ、トングなどを使って軽く混ぜる。

6 麺がほぐれたら、長ねぎを入れる。

7 白ごま塩、ごま油を入れて混ぜたら火を止める。

8 トングなどを使って麺を器に移し、盛りつけた麺を軽く持ち上げてスープをそそいだら完成。

ペク先生のひとことメモ

時間が経ち酸味が増した熟成キムチ（シンキムチ）で作ってこそ、キムチラーメンは味が出ます。熟成不足なら大さじ½の酢（リンゴ酢以外）をスープに入れると似た味が出ます。

고추장짜장라면

韓国式ジャージャー麺

インスタントの定番「チャジャン麺」に
コチュジャンを加えてうま辛に！

⚖ 材料

インスタントのチャジャン麺…1袋
コチュジャン…大さじ½
水…2カップ（360mL）

水の量は、いつも
袋麺をゆでるときより
少なめに

鍋に水をそそいで火にかけ、インスタント麺のかやくを入れて沸かす。

麺は半分に割らずに
そのままで！

水が沸騰してきたら、麺を入れる。

麺がゆであがる前に1/4カップ分の水を捨てて、麺がひたひたになる程度に汁を残す。

コチュジャンを入れ、麺とよく混ぜてなじませる。

調味油スープが入っているものは
それもすべて入れよう

インスタント麺のスープを入れる。

よく混ぜ合わせ、水分がほぼなくなって麺にツヤが出たら火を止める。

きゅうりの千切りなど
をトッピングしても
Good！

トングなどを使って器に盛りつけたら完成。

コチュジャンをスプーン半分
入れただけなのに、
いつものチャジャン麺と格段の差！

볶음라면
焼きラーメン

特別な具材を使わなくても、
口あたりのいい"味変"ラーメンに！

🍽 材料

インスタントラーメン…1袋

長ねぎ…大さじ3（21g）

サラダ油…大さじ2

水…2カップ（360mL）

1 長ねぎは0.3cm幅の小口切りにする。

湯は捨てるので水の量はだいたいでOK！

2 鍋に水をそそいで火にかけ、インスタント麺のかやくを入れて沸かす。

麺は半分に割らずにそのままで！

3 水が沸騰してきたら、麺を入れる。

PART 1 かんたんワンディッシュメニュー

4 麺にほぼ火が通ったら火を止め、麺をざるに上げて湯はすべて捨てる。

5 麺のみを鍋に戻し、長ねぎを入れる。

**粉末スープの量は
お好みで調節しよう**

6 インスタント麺の粉末スープを半分程度入れて、サラダ油を加える。

7 鍋を再び火にかけ、トングなどでまんべんなく混ぜながら炒める。

8 麺に完全に火が通ったら火を止め、器に盛りつけたら完成。

炎のちゃんぽんラーメン

辛口の「プルマッ＝火の味」
韓国式ちゃんぽんを自宅で！

🍳 材料

インスタントラーメン（太麺タイプ）…1袋

豚バラ肉…5枚（50g）

長ねぎ（調理用）…½カップ（30g）

長ねぎ（トッピング用）…大さじ½（4g）

キャベツ…1カップ（20g）

玉ねぎ…⅕個（50g）

粉とうがらし（粗挽き）…大さじ1

しょうゆ…大さじ1

サラダ油…大さじ4

水…3¼カップ（595mL）

1　キャベツは幅0.7cm、長さ10cmの細切りに。長ねぎは0.3cm幅の小口切りにする。玉ねぎは0.3cm幅の細切りにする。

2　鍋にサラダ油をひき、長ねぎ、玉ねぎ、豚バラ肉を入れて炒める。

キャベツは火が通ると水分が多く出てスープの邪魔になるので、玉ねぎより後に入れよう

3　豚バラ肉に火が通り、玉ねぎがこんがりしたら、キャベツを入れて炒める。

油と一緒に焦げたしょうゆの味と、炒めた玉ねぎの香ばしさが合わさって風味がアップ！

4　具材を鍋の片側に寄せ、あいたスペースにしょうゆを入れてさっと焦がす。それから材料と混ぜながら炒める。

5　粉とうがらしを加え、混ぜながら炒める。

水ではなく熱湯をそそげば時短に！

6　具材に火が通りまんべんなく混ざったら、水をそそぎ、インスタント麺のかやく、粉末スープを入れる。

7　スープが沸騰してきたら麺を入れ、トングなどを使ってよく混ぜながら煮込む。

8　麺がゆであがったら火を止めて器に盛りつける。

9　最後にトッピング用の長ねぎをのせたら完成。

29

탄탄면

担々麺

ラーメンのうま辛に、
ピーナッツバターの香ばしさが溶けこんだ
オリジナル担々麺

⚖️材料

インスタントラーメン…1袋

ピーナッツバター…大さじ1（20g）

長ねぎ…½カップ（30g）

粉とうがらし（粗挽き）…大さじ1

水…3カップ（550mL）

① 長ねぎは0.3cm幅の小口切りにする。

粉末スープはあとで使うので
捨てないで！

② 鍋に水をそそいで火にかけ、インスタント麺のかやくを入れて沸かす。

③ 水が沸騰してきたら、麺を入れる。

1/2カップだけ
捨てる！

④ 麺がほぐれたら、ざるを通して湯を½カップ分だけ捨てて、鍋に湯を半分程度残す。

ピーナッツバターは
粒入りでも可

⑤ 鍋にインスタント麺の粉末スープ半分程度と、ピーナッツバターを加え、トングなどでよく混ぜる。

⑥ 長ねぎ、粉とうがらしを入れ、混ぜながら煮込む。

スープはひたひたに
あってもOK

⑦ 麺がゆであがり、スープがとろっとしたら火を止め、器に盛りつけたら完成。

액젓라면

エクチョッ（魚醤）ラーメン

コクうま！
エクチョッ（魚醤）の
香りの爆弾投下！

🥘 材料

インスタントラーメン…1袋

卵…1個

長ねぎ…½カップ（30g）

魚醤（カナリエキス、ミョルチエキスなど）…大さじ1

水…3カップ（550mL）

1 長ねぎは0.3cm幅の小口切りにする。

2 ボウルに卵を割り入れて混ぜておく。

3 鍋に水をそそいで火にかけ、インスタント麺のかやく、粉末スープを入れて沸かす。

4 水が沸騰してきたら、麺を入れる。

魚醤はどんな種類でもOK！

5 鍋に魚醤を加え、トングなどで混ぜながら煮込む。

6 ゆであがる少し前のタイミングで、麺だけをトングなどで器に移す。

8 火を止め、器に盛った麺を軽く持ち上げてスープをそそいだら完成。

7 麺を取り出して残ったスープに、2の溶き卵と長ねぎを入れ、サッと煮る。

tip

ペク先生のひとことメモ

エクチョッ（魚醤）を入れるとコクが増し、より食欲をそそる味になります。ラーメンに大さじ1加えるだけで、スープの味がグッと豊かになりますよ。

33

牛乳ラーメン

やわらかい牛乳の
コーティングで、辛さを抑えた
まろやかラーメン

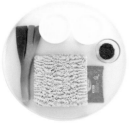

📇 材料

インスタントラーメン…1袋

牛乳…2カップ（360mL）

長ねぎ…½カップ（30g）

粉とうがらし（粗挽き）…大さじ½

水…2カップ（360mL）

1 長ねぎは0.3cm幅の小口切りにする。

湯は捨てるので水の量はだいたいでOK！

2 鍋に水をそそいで火にかけ、沸騰してきたら麺を入れる。

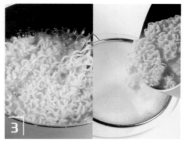

3 麺がゆであがる少し前のタイミングで火を止め、ざるを使って湯をすべて捨てる。

牛乳は温めずに！冷たい牛乳で作るほうが麺に弾力が生まれます

4 水気を切った麺だけを鍋に戻し、牛乳をそそいで再び火をつける。

5 インスタント麺の粉末スープ、長ねぎ、粉とうがらしを入れて、トングなどで混ぜる。

6 スープがグツグツしてきたら火を止める。

7 トングなどで先に麺を器に盛り、軽く持ち上げてスープをそそいだら完成。

チーズ入り ラーメンチヂミ

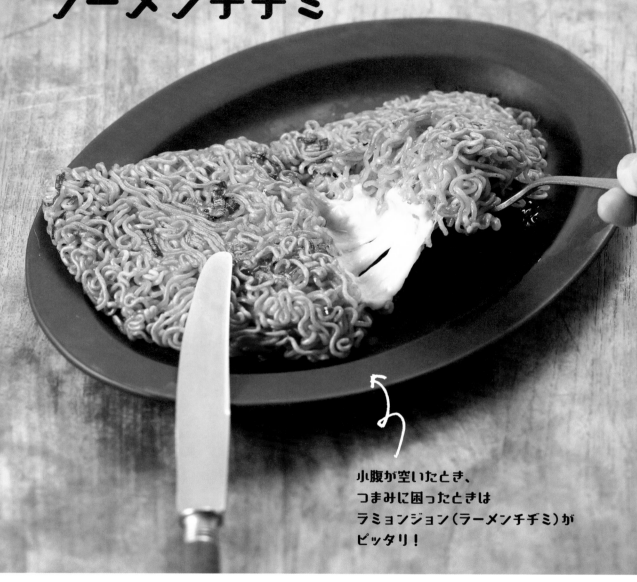

小腹が空いたとき、
つまみに困ったときは
ラミョンジョン（ラーメンチヂミ）が
ピッタリ！

⚖ **材料**

インスタントラーメン…1袋

シュレッドチーズ（モッツァレラ）…1カップ（100g）

長ねぎ…½カップ（30g）

サラダ油…大さじ2

水…2カップ（360mL）

1 長ねぎは0.3cm幅の小口切りにする。

湯は捨てるので、水の量は適当でOK!

2 鍋に水を入れて火をつけ、沸騰してきたら麺を入れる。

3 麺がしっかりゆであがったら火を止め、ざるに上げて水気を切る。

粉末スープの量はお好みで調整しよう

4 水気を切った麺をボウルに入れ、長ねぎとインスタント麺の粉末スープを入れる。

5 箸を使ってまんべんなく混ぜる。

6 熱したフライパンにサラダ油をひき、麺を広げて入れる。

7 広げた麺の上に半分程度、シュレッドチーズをのせる。

8 フライ返しや箸を使って、チーズがない部分を半分に折ってチーズの上にかぶせる。

9 表裏をひっくり返しながら、チーズが溶けるまでこんがり焼いたら完成。

ほんのひと手間でラーメンがカルツォーネ風に大変身!

마파두부덮밥

韓国風麻婆豆腐丼

家に豆板醤がなくても作れる
麻婆豆腐の「トッパブ（丼）」

⚖ 材料

豚ひき肉…½カップ (50g)

木綿豆腐…180g

ごはん…茶碗1杯分 (200g)

長ねぎ (調理用)…½カップ (30g)

長ねぎ (トッピング用)…大さじ½ (4g)

玉ねぎ…約¼個 (62g)

テンジャン…大さじ½

コチュジャン…大さじ¼

にんにくのすりおろし…大さじ1

粉とうがらし (粗挽き)…大さじ1

しょうゆ…大さじ3

砂糖…大さじ½

ごま油 (麻婆豆腐用)…大さじ½

ごま油 (仕上げ用)…適量

サラダ油…大さじ4

水…1カップ (180mL)

片栗粉…大さじ¼

水 (水溶き片栗粉用)…大さじ1

豆腐は1.5cm角のさいの目切りに。長ねぎは0.3cm幅の小口切りに。玉ねぎは粗めのみじん切りにする。長ねぎはトッピング用に少し取り分けておく。

片栗粉と水（大さじ1）を混ぜ、水溶き片栗粉にする。

フライパンにサラダ油をひき、長ねぎ、玉ねぎ、豚ひき肉を入れ、よく混ぜながら、玉ねぎが透明になるくらいまで炒める。

粉とうがらし、コチュジャン、テンジャンを入れる。

砂糖、にんにくのすりおろし、しょうゆを入れ、まんべんなく混ざるようにして炒める。

具材が炒まったら水をそそいでかき混ぜ、グツグツと沸騰してきたら豆腐を入れる。

再び沸騰したら、2の水溶き片栗粉を回し入れながらよく混ぜる。

全体にとろみがついたらごま油を入れ、混ぜる。

丼ものは、ソースがごはんの一部だけにかかっている方がおいしそうに見えます！

火を止め、器に盛りつけたごはんの上に麻婆豆腐をかける。

最後にトッピング用の長ねぎ、仕上げ用のごま油を加えたら完成。

キムチ鍋飯

手軽で簡単、
でも毎日食べても
飽きない絶品メニュー！

材料

キムチ…½カップ (65g)

ごはん…茶碗1杯分 (200g)

ごま油…大さじ2

道具

アルミ鍋 (小サイズ・ふた付き)…1個

キムチはボウルに入れ、ハサミで小さく切る。

キムチが熟成不足の場合は酢（大さじ1/2）を追加！

アルミ鍋にキムチを入れ、鍋の底に平たく広げる。

キムチの上にごま油をふりかける。

キムチの上にごはんを入れ、まんべんなく広げて平たく整える。

鍋にふたをして火にかける。キムチが焦げたような匂いがしてきたら、20秒後に火を止める。

辛子明太子や塩辛などと一緒に食べれば相性抜群！

ふたを開け、キムチとごはんを混ぜたら完成。

태국식파인애플볶음밥

タイ風 パイナップルチャーハン

エクチョッ（魚醤）を使って
タイ風のソースを作ってみよう！

材料

缶詰パイナップルのスライス…½枚 (30g)

干しエビ…8尾 (5g)

卵…1個

ごはん…茶碗1杯分 (200g)

長ねぎ…大さじ2 (14g)

サラダ油…大さじ3

タイ風ソース

オイスターソース…大さじ1

ミョルチエキス（魚醤）…大さじ1

砂糖…大さじ½

水…大さじ3

長ねぎは縦半分に切ってから0.3cm
幅に細かく刻む。パイナップルはひ
と口サイズに切る。

ボウルに卵を割り入れる。ごはんは
あらかじめ器に広げ、冷ましておく。

小さなボウルにミョルチエキス、砂
糖、水、オイスターソースを入れ、
砂糖が溶けるまでまんべんなく混ぜ
てタイ風ソースをつくる。

フライパンにサラダ油と長ねぎを入
れて火にかけ、ねぎが少し色づいた
ら干しエビを加えて炒める。

ねぎとエビの香りが十分にするようになったら、具材を片側に寄せてからフ
ライパンを少し傾け、油が溜まった側に2の卵を入れる。

スクランブルエッグを作るように、
卵を混ぜながら焼く。その後、すべ
ての具材をまんべんなく混ぜる。

冷ましておいたごはんを入れて混ぜ
る。しゃもじや木べらを使って、ごは
んの塊をほぐしながら炒める。

3のタイ風ソースを入れる。混ぜて
ソースが全体にいきわたったら、パ
イナップルを入れる。

具材が完全に混ざったら火を止め、
器に盛りつけて完成。

하와이안주먹밥

ハワイアン韓国むすび

スパム＆空き缶で
「チュモクバブ（おむすび）」が
ラクラク簡単！

🍳 材料（1個分）

缶詰スパム…70g（340g缶なら⅕個）

ごはん…茶碗⅔杯分（140g）

韓国のり（ミニサイズ）…2枚

🧰 道具

缶詰スパムの空き缶…1個

ラップ…30×30cm

スパムは
厚さ約1.5cmに
切って準備。

44

ごはんは、あらかじめ器に広げて冷ましておく。

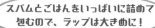

スパムとごはんをいっぱいに詰めて包むので、ラップは大きめに！

空き缶にラップを敷く。

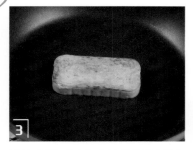

フライパンを火にかけてスパムを入れ、表裏ともにこんがりと焼く。

焼いたスパムを缶の底に敷く。

スパムの上に韓国のりを2枚のせる。

200g缶ならごはんは缶と同じ高さに。340g缶なら3cm程度あけた高さに。

ごはんを缶に詰め、平たく広げる。

ラップをごはんの上にかぶせ、四角い形を崩さないよう、ラップを引っ張って缶から取り出す。

ラップをはがしながらそのまま食べるのがgood！

ラップの上からおむすびの形をしっかり整えたら完成。

tip

ペク先生のひとことメモ

炒めたちりめんじゃこやコチュジャン、ツナ缶など、家の中にある材料を使って広くアレンジが可能なので、いろいろな味のチュモクパプ（おむすび）を楽しんでください！

空き缶さえあれば、
どんな材料もパパッと特別な
チュモクパプ（おむすび）に！

게맛살주먹밥

カニカマ韓国むすび

材料（1個分）

かにかまぼこ…40g

ごはん…茶碗⅔杯分（140g）

マヨネーズ…大さじ1½

コチュジャン…大さじ½

韓国のり（ミニサイズ）…2枚

道具

缶詰スパムの空き缶…1個

ラップ…30×30cm

1 かにかまぼこは細かくちぎる。ごはんは、あらかじめ器に広げて冷ましておく。

辛さがほしい人はタイの辛味調味料シラチャーソースなどを追加してもよい

2 小さめのボウルにマヨネーズとコチュジャンを入れて混ぜ、ソースを作る。

ラップの大きさはたっぷりと！

3 空き缶にラップを敷く。

4 かにかまぼこを缶の底に平たく広げる。

ソースの量はお好みで調整を！

5 かにかまぼこの上に、コチュジャンマヨネーズソースをまんべんなく塗る。

200g缶ならごはんは缶と同じ高さに。340g缶なら3cm程度あけた高さに。

6 ごはんを缶に詰め、平たく広げる。

7 ごはんの上に韓国のり2枚をのせる。

8 ラップをごはんの上にかぶせ、四角い形を崩さないよう、ラップを引っ張って缶から取り出す。

ラップをはがしながらそのまま食べるのがgood！

9 ラップの上からおむすびの形をしっかり整えたら完成。

アミの塩辛チャーハン

適当な具材にアミの
塩辛を入れて炒めただけなのに、
目を見張るおいしさ!

材料

アミの塩辛…大さじ ½ (10g)

卵…1個

ごはん…茶碗1杯分 (200g)

長ねぎ (ねぎ油用)…大さじ3 (21g)

長ねぎ (トッピング用)…大さじ ½ (4g)

サラダ油…大さじ3

1 長ねぎは、トッピング用を0.3cm幅の小口切りに、ねぎ油用は縦半分に切ってから0.3cm幅に細かく刻む。

2 卵をボウルに割っておく。ごはんは、あらかじめ器に広げて冷ましておく。

サラダ油：長ねぎ＝1：1

3 フライパンにサラダ油と長ねぎ（ねぎ油用）を入れ、火をつけて炒める。

> アミの塩辛は、そのままだと塩分が強すぎるので、必ず水分をしぼってから使おう

4 アミの塩辛を加え、いい香りが漂ってくるまで十分に炒める。

5 具材を片側に寄せてからフライパンを少し傾け、油が溜まった側に2の卵を入れる。

6 スクランブルエッグを作るように、卵を混ぜながら焼く。その後、すべての具材をまんべんなく混ぜる。

7 卵が固まったら、ごはんを入れる。しゃもじや木べらを使って、ごはんの塊をほぐしながら炒める。

レードル（お玉）を使うと、固まったごはん粒がよくほぐれる。

火を止めて器に盛りつける。最後にトッピング用の長ねぎをのせたら完成。

깍두기볶음밥

カクトゥギチャーハン

焼肉店の締めの定番。
お肉をたらふく食べた後でも、
スプーンを手放せないおいしさ！

🝆 材料

牛肉 (薄切り)…1枚 (30g)

カクトゥギ (大根キムチ)…²⁄₃カップ (90g)

カクトゥギの汁…大さじ3

ごはん…茶碗1杯分 (200g)

長ねぎ…¹⁄₃カップ (20g)

コチュジャン…大さじ¼

粉とうがらし (粗挽き)…大さじ¹⁄₃

しょうゆ…大さじ²⁄₃

砂糖…大さじ¼

魚醤 (カナリエキス、ミョルチエキスなど)
　…大さじ1

ごま油…大さじ1

サラダ油…大さじ½

水…¹⁄₃カップ (60mL)

牛肉は自由に
食べやすいサイズに切ろう

1 カクトゥギは小さく刻み、長ねぎは0.3cm幅の小口切りに。牛肉は3cm幅に切る。

2 熱したフライパンにサラダ油をひき、牛肉を入れて炒める。

3 肉から脂が十分に出たら、長ねぎを入れて炒める。

4 ねぎがこんがりしてきたら、水、カクトゥギの汁、カクトゥギを入れ、かき混ぜながら煮る。

ごはんを入れることを考えて、
この時点では濃いめの味つけに。
魚醤の種類はなんでもOK！

5 弱火にして、コチュジャン、粉とうがらし、砂糖、しょうゆを入れてよく混ぜる。味見をしながら魚醤を入れて味を調える。

6 フライパンにふたをして、カクトゥギにしっかり火を通してから、ふたを開ける。

7 ごはんを入れる。しゃもじや木べらでまんべんなく混ぜ合わせてから、ごま油を入れる。

8 混ざったらごはんを平らに広げ、再びフライパンにふたをする。

9 4分程度、弱火にかける。底に軽くおこげができるくらいで、ふたを取って完成。

tip

ペク先生のひとことメモ

チーズのアレンジもオススメです。チャーハンができたら半分取り出し、鍋に残した方にチーズをたっぷり振って、取り出したごはんを戻してサンド。ふたをして、弱火でチーズをトロッと溶かしたら、もう絶品！

두부콩국수

豆腐そうめん

ひんやり豆乳スープの
麺料理「コングクス」を、
豆腐で簡単に！

🍳 材料

木綿豆腐…180g

乾そうめん…100g

ピーナッツバター…大さじ⅓

砂糖…大さじ⅓

塩…大さじ⅓

ごま…大さじ1½

水（ゆで汁用）…4カップ（720mL）

水（スープ用）…250mL

砂糖、塩の量はお好みで調整。水の代わりに牛乳を使うとより濃厚に！

ミキサーに豆腐、水、砂糖、塩、ごま、ピーナッツバターを入れる。

ごまの塊が目立たなくなるくらいまでミキサーにかけて、冷蔵庫に入れておく。

500円玉くらいの大きさでそうめんの束をつかむと、通常1人前の分量になる

鍋に水をそそいで火をつけ、沸騰したら乾そうめんを入れる。

箸で麺をかき混ぜながらゆで、一度沸騰したら水½カップを追加。引き続き、箸で混ぜながらゆでる。

2度目の沸騰で、さらに水½カップを追加。引き続き、箸で混ぜながらゆでる。

3度目に沸騰したところで火を止める。麺をざるに上げ、冷水ですすいだら、そのままざるで水気を切る。

麺を親指と人差し指で持ち上げて垂らした後、ぐるっと回しながら器に盛りつける。

お好みでミニトマト、ごま塩、きゅうりの千切りなどをトッピングしよう！

冷やしておいた2の豆腐スープを、麺がひたひたになるくらいまでそそいだら完成。

ねぎ油そうめんチャンプルー

パリッと
揚げ焼きにした、
わけぎの食感が
アクセントに！

🖺 材料

乾そうめん…100g

わけぎ…1カップ（30g）

オイスターソース…大さじ1

しょうゆ…大さじ2

砂糖…大さじ¼

サラダ油…大さじ3

水…4カップ（720mL）

54

わけぎは5cmの長さに切る。

500円玉くらいの大きさで
そうめんの束をつかむと、
通常1人前の分量になる

鍋に水をそそいで火をつけ、沸騰したら乾そうめんを入れる。

箸で麺をかき混ぜながらゆで、一度沸騰したら水½カップを追加。引き続き、箸で混ぜながらゆでる。

2度目の沸騰で、さらに水½カップを追加。引き続き、箸で混ぜながらゆでる。

3度目に沸騰したところで火を止める。麺をざるに上げ、冷水ですすいだら、そのままざるで水気を切る。

こんがり炒めたわけぎの
バリバリ食感が、このメニューの肝！

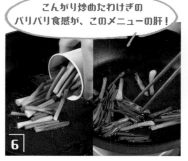

熱したフライパンにサラダ油、わけぎを入れて炒める。わけぎの水分が飛んでこんがりしてきたら、焦げる直前までパリッと炒める。

中国のたまりしょうゆがあれば、
しょうゆの代わりに使ってもOK

オイスターソース、砂糖、しょうゆを加え、混ぜながら炒める。

5の麺を入れ、箸でほぐして、わけぎとよく混ぜながら炒める。

器に麺を盛りつけて完成。

冷やしわかめうどん

わかめたっぷりで
栄養満点&さっぱり、
夏の逸品！

🔬 材料

うどん（スープ付き）…1玉（190g）

カットわかめ…大さじ½

わけぎ…1本（10g）

砂糖…大さじ½

酢…大さじ1

氷…1カップ（4個）

水（ゆで汁用）…2カップ（360mL）

水（スープ用）…1カップ（180mL）

カットわかめはぬるま湯に15分ほど浸して戻し、水ですすいでしぼっておく。

わけぎは0.3cm幅の小口切りにする。

鍋に水をそそいで火にかけ、沸騰したらうどんの麺を入れる。

箸で麺を軽くほぐしながら、さっとゆでる。麺がゆであがったら火を止めてざるに上げ、そのまま氷水（分量外）で冷やす。

器にうどんスープと水1カップを入れる。

酢は必ず醸造酢を使おう！

5に砂糖、酢を入れて混ぜ、だしスープを作る。

だしスープに氷を入れ、4で冷やした麺を入れる。

1のわかめを、ハサミで小さく切って麺にのせる。

最後にわけぎをトッピングして完成。

57

ごまだれビビンうどん

豚肉とごまだれソースで、
豪華な冷たい混ぜうどん！

📐 材料

豚肉（薄切り）…1枚（20g）	料理酒…大さじ1
うどん（スープ付き）…1玉（190g）	ごま…大さじ2
わけぎ…大さじ1（4g）	水（うどんゆで汁用）…2カップ（360mL）
きゅうり…1/5本（22g）	水（肉ゆで汁用）…2カップ（360mL）
砂糖…大さじ1	水（ソース用）…大さじ2
酢…大さじ1	

1 わけぎは0.3cm幅の小口切りに。きゅうりは幅0.3cm、長さ4cmの千切りにする。

2 鍋に水をそそいで火にかけ、沸騰したらうどんの麺を入れる。

3 箸で麺を軽くほぐしながら、サッとゆでる。火を止めて麺をざるに上げ、そのまま氷水（分量外）で冷やす。

料理酒を入れると豚肉の臭みが取れる

4 再び鍋に水2カップをそそぎ、料理酒を入れて火にかけ、沸騰したら豚肉を入れる。肉に火が通り、白くなるまでゆでる。

火を通した豚肉をすすぐと、もっちりと歯ごたえがよくなり、アクも落ちる

5 肉に火が通ったら火を止め、取り出して冷水に浸し、十分にすすいだら氷水で冷やす。

6 豚肉を氷水から取り出し、ハサミで食べやすいサイズに小さく切る。

8 麺を器に移し、きゅうり、豚肉をのせる。

7 ミキサーにうどんスープ、砂糖、酢、ごま、水大さじ2を入れ、ごまが粉状になるまで挽いてごまだれソースを作る。

9 ごまだれソースをかけて、最後にわけぎをトッピングしたら完成。

超簡単！
カレー粉と牛乳さえあれば
5分で完成！

まろやかカレーうどん

📐 材料

うどん（ゆでうどん）…1玉（200g）

カレー粉…大さじ3（24g）

牛乳…2カップ（360mL）

フライパンに牛乳をそそいで火をつける。

牛乳が沸騰してきたらカレー粉を入れ、ダマができないよう木べらやしゃもじでかき混ぜる。

グツグツと沸騰してきたら、うどんの麺を入れる。

箸で麺を軽くほぐしながら煮込む。

とろみがついてきたら火を止めて、器に移す。

tip ペク先生のひとことメモ

好きなトッピングを加えて自分好みの味にしましょう。定番はわけぎの小口切りですが、うま辛味がお好みなら青とうがらしを刻んで入れても Good！

우볶이

ウッポッキ

トッポッキの餅をうどんに替えたら
ウッポッキ。甘辛がクセになる！

⚖️ 材料

うどん（ゆでうどん）…1玉（200g）

揚げかまぼこ…1枚（55g）

長ねぎ…½本（50g）

わけぎ…大さじ½（2g）

キャベツ…½カップ（30g）

コチュジャン…大さじ1

粉とうがらし（粗挽き）…大さじ1

しょうゆ…大さじ3

砂糖…大さじ2

水…2カップ（360mL）

揚げかまぼこは、
どんな種類のものでもOK!

1 揚げかまぼこは食べやすい大きさに、キャベツは1cm角に切る。わけぎは0.3cm幅、長ねぎは0.5cmの小口切りにする。

2 深めのフライパンに砂糖、コチュジャン、粉とうがらし、しょうゆ、水を入れ、よく混ぜてから火をつける。

3 1で切った揚げかまぼこ、キャベツ、長ねぎを入れ、かき混ぜながら煮る。

4 スープが沸騰してきたら、うどんの麺を入れる。

5 箸で麺を軽くほぐしながら煮込む。

6 麺がほぐれたら火を止め、器に盛りつける。

7 トッピングに1で切ったわけぎをのせたら完成。

tip

ペク先生のひとことメモ

ウッポッキのヤンニョム（調味料）は、スープトッポッキやラッポッキ（ラーメン＋トッポッキ）のベースにも使える万能甘辛ソースです。また、揚げかまぼこがなかったら、ハムやソーセージなどを代わりに入れてもおいしいですよ!

ひとり暮らしに役立つ
万能ヤンニョム②
東南アジア風ホットソース

ホンパブ族に欠かせない常備保存食はいくつかありますが、
それなら作り置きのソースだって複数の種類をストックしておけば、
飽きることなくおうちごはんを楽しめます。
そこで次に紹介する万能ヤンニョムは、「東南アジア風ホットソース」。
干しエビと青とうがらしを使って、インドネシアなど東南アジアの一部地域で
好まれる「サンバルソース」に似たうま辛のソースを作ります。
いつもの食材でも、これさえ添えれば異国情緒あふれるエスニック風味に大変身。
ちょっとした専門店の味に近づきます。

동남아식매운소스

東南アジア風ホットソース

風味豊かで、食欲をかきたてる
エスニック風の辛味ソース！

⚖ 材料

干しエビ…1カップ（30g）　　　　砂糖…大さじ⅓

青陽とうがらし*…10個（100g）　　塩…大さじ1

長ねぎ…½カップ（30g）　　　　サラダ油…½カップ（90mL）

にんにくのすりおろし…大さじ1

＊青陽とうがらし（チョンヤンコチュ）は韓国の激辛とうがらし。
　青とうがらしで代用可能だが、辛さは控えめになる。

長ねぎの代わりに
わけぎを使ってもOK

1 青陽とうがらしはへたを取って半分に切る。長ねぎは
半分に切ってから0.3cm幅に刻む。

2 フライパンを火にかけてサラダ油をひき、干しエビを
炒める。

味つけはお好みで。
砂糖は入れなくてもいい

3 長ねぎ、にんにくのすりおろし、塩、砂糖を入れる。

4 材料を混ぜながら、弱火で揚げるように炒める。

長く炒めすぎると辛味が
飛んでしまうので注意！

5 干しエビがカリカリになったら、青陽とうがらしを入れる。

6 すべての具材がこんがりするまで揚げるように炒める。

油が戻ってうまく挽けないことも
あるので、中の状態を確認しながら
少しずつミキサーにかけよう

7 火を止めて器に移し、広げて冷ます。

8 十分に冷ましたらミキサーに入れて、青陽とうがらしが粗めに残るくらいのペースト状にする。

9 密閉容器に入れてふたを閉め、冷蔵庫で保管する。

ペク先生のひとことメモ

材料に赤とうがらしを混ぜると、色合いがさらによくなります。東南アジア風ホットソースは、韓国式ホットソースと同じく早めに使いきるほうがいいのですが、密閉容器で冷蔵保存すれば最長1週間はおいしく食べられますよ！

東南アジア風ホットソースの活用法

韓国式ホットソースとはひと味違って、干しエビの風味が香ばしく、
エスニックな味を楽しめるのが、東南アジア風ホットソースです。
次のページから紹介する「ラーメンパスタ」や「うま辛たまごめし」のようなレシピにも
活用できるほか、チャーハン、カナッペ、インスタント麺などにのせるだけでも、
いいアクセントになって、いつものごはんがグレードアップします。

おうちの冷蔵庫に具材があまりないとき
は、東南アジア風ホットソースをスプー
ン1杯分入れるだけで、エスニック風の
香ばしさとエビの風味が加わって特別な
チャーハンになります。

カナッペ

どんなタイプのクラッカーにも活用が可
能。お好みの野菜や果物に、東南アジ
ア風ホットソースをちょっと加えれば、
辛味と酸味が組み合わさった立派なお
つまみが誕生します。

インスタント麺

いつも食べているインスタント麺に飽き
てしまって、ちょっと変化がほしいとき。
今日はなんだか、ピリッと辛い味が恋し
いなと思ったとき。東南アジア風ホット
ソースをちょっと混ぜれば食欲増進。食
べすぎには注意！

라면파스타

ラーメンパスタ

スープなしでも、ラーメンがびっくりするおいしさに！

材料

サリ麺（鍋用インスタントラーメン）…1個

東南アジア風ホットソース…大さじ1（20g）

粉チーズ（パルメザン）…大さじ1

水…2カップ（360mL）

ラーメンをゆでるときは、時々麺を持ち上げてやるとより弾力が出る

1 鍋に水を入れて火にかけ、沸騰したら麺を入れる。

2 トングなどを使って麺をほぐしながらゆでる。

3 麺がゆであがったら火を止め、ざるに上げて水気を切る。

4 水気を切った麺を器に移す。

5

6 仕上げに粉チーズを振ったら完成。

東南アジア風ホットソースを加えて、麺にソースが絡むよう箸でよく混ぜる。

매콤달걀밥

うま辛たまごめし

簡単だけど頼もしい。
おかずいらずのワンディッシュ！

材料

卵…2個
東南アジア風ホットソース…大さじ1（20g）
ごはん…茶碗1杯分（200g）
韓国のり（刻み）…⅓カップ
サラダ油…⅓カップ（60mL）

1 ごはんを器に広げておく。

2 小さめのボウルに卵を割り入れる。

3 フライパンを熱してサラダ油をひく。

4 フライパンを少し傾け、油が溜まった側に、2で割った卵を入れる。

黄身は半熟にしよう！

強火で揚げるようにして目玉焼きを作る。

6 目玉焼きをごはんの上にのせる。

7 目玉焼きの上に東南アジア風ホットソースをのせる。

8 最後に細かく刻んだ韓国のりをまぶしたら完成。

ペク先生のひとことメモ

食べるときは目玉焼きの半熟の黄身を崩して、ごはん、ソース、のりを混ぜて食べよう！

PART

2

おひとりさまき優雅に！
手軽にオシャレな パンメニュー

手軽にお腹を満たせるパンは、ホンパブ族にとって麺と同じくらい頼りになる食材です。

ただ、食パンを一斤買っても飽きてしまって食べきれない、なんてこともありますよね。

そこで、ここからはペク・ジョンウォン流の厳選パンレシピ8選をご紹介します。

食パンを利用した優雅なブランチメニューから、

まるでパンケーキのようにふわっと焼いたスイーツまで、

多彩なパンメニューをご堪能あれ。

おいしかったらカロリーゼロ?
たまには思いっきり
食べちゃおう!

칼로리폭탄토스트
カロリー爆弾トースト

材料

食パン(8枚切り)…2枚

バナナ…½本 (55g)

ホワイトチョコレート…大さじ2 (18g)

シュレッドチーズ (モッツァレラ)…⅓カップ (33g)

ピーナッツバター…大さじ2 (40g)

バター…8g

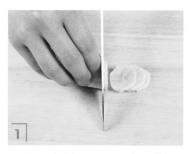

バナナは皮をむいて0.3cm幅の輪切りにする。

ホワイトチョコレートを薄く刻む。

パンの片面にピーナッツバターをまんべんなく塗り、その上にバナナをぎっしりのせる。

バナナの上にホワイトチョコレートをまぶし、さらにシュレッドチーズをまんべんなくのせる。

もう1枚のパンを上からかぶせる。

火が強すぎると、チョコやチーズが溶ける前にパンが焦げてしまうので注意！

弱火で温めたフライパンにバターを溶かす。

バターが溶けたらパンを置き、木べらなどで押さえながら焼く。

パンの表裏をひっくり返しながら、チョコとチーズが溶けてパンになじむまで焼く。

火を止め、トーストを食べやすいサイズに切ったら完成！

77

홍콩식프렌치토스트

香港式 フレンチトースト

外はカリッと、中はしっとり。
週末のブランチにピッタリ！

材料

食パン（8枚切り）…2枚

卵…2個

バター…16g

練乳または砂糖…お好みで適量

塩…2つまみ

サラダ油…⅕カップ（36mL）

1 小さめのボウルに卵を割り入れ、塩を振る。

2 卵をスプーンでよくかき混ぜて卵液を作る。

3 大きめの器に卵液を流し入れてパンを浸す。両面とも十分に浸す。

4 フライパンを火にかけ、サラダ油をひいて温める。

5 ３の卵液に浸したパンをフライパンに入れる。

このときパンは焦げやすいので焼きすぎには注意！

6 箸やフライ返しを使ってパンを何度か返しながら、揚げるようにして火を通す。

7 火を止め、トーストを器に移して、真ん中にバターをのせる。

練乳のほかにも、砂糖やバニラアイスクリームなどトッピングはお好みで！

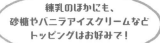

8 仕上げに練乳をかけたら完成。

いつものパンが、
口の中でとろける
ふわふわプディングに！

빵푸딩
パンプディング

⚖ 材料
スティック型のパン…1本 (20g)、または食パン (8枚切り)…1枚
バニラアイスクリーム…1カップ (100g)
卵…1個
砂糖…大さじ1

アイスクリームはカップに入れた状態のまま常温で少し溶かす。

パンは小さくちぎっておく。

小さめのボウルに卵と砂糖を入れ、スプーンでよくかき混ぜて卵液を作る。

別のボウルに卵液、アイスクリーム、パンを入れる。

オーブンや電子レンジ用の耐熱容器にプディング生地を入れる。

パンと卵液、アイスクリームをまんべんなく混ぜ合わせて、プディングの生地を作る。

電子レンジの機種などによって時間は調節しよう

電子レンジに入れ、700Wで3〜4分間（500Wで4分〜5分30秒）温める。

熱々なのでやけどに注意！

電子レンジから器を取り出したら完成。

tip

ペク先生のひとことメモ

あんパン、クリームパンなど、どんなパンでもプディングを作れるので試してみましょう！

フライパンで手軽に作れる
卵のふんわりスイーツ

커스터드달걀빵

カスタードのスフレオムレツ

材料

卵…4個

バター…18g (6g×3)

砂糖…大さじ2

塩…大さじ¼

メープルシロップ…大さじ2

サラダ油…大さじ1½

1 ミキサーに卵を割り入れ、砂糖、塩を加える。

この「泡」が命！

2 ミキサーのスイッチを入れ、泡になるまで混ぜる。

3 サラダ油をひいて熱したフライパンに卵液をそそぐ。

4 ふたをして弱火で2分ほど火を通す。

バターは生地とフライパンの間に押しこもう！

5 卵液が流れない程度に底面が焼けたら、木べらなどで生地をそっと持ち上げ、3カ所に分けてバターを6gずつ入れる。

6 再びふたを閉め、2分ほどしたら火を止め、30秒程度蒸らしてからふたをあける。

7 大きめの器を用意し、フライパンを下支えしながら生地を滑らせて器へと移し、最後は半分に折る。

下の面に少し余白を作り、上の面が小さく重なるように折ろう

シロップの量はお好みで調整しよう。砂糖や練乳、ジャムでもOK！

8 仕上げにメープルシロップをかけたら完成。

生地の下にそっと忍ばせるバターがやわらかな味のポイント！

オーブンいらず、
冷蔵庫の材料だけで
ベーカリーの味に!?

노오븐컵빵
レンジで作れるカップパン

🍳 材料

食パンの耳…2枚分 (34g)

卵…1個

玉ねぎ…¼個 (62g)

缶詰とうもろこし
　…大さじ⅔ (16g)

マヨネーズ…大さじ1½

バター…3g

シュレッドチーズ
　(モッツァレラ)…大さじ1 (12g)

砂糖…大さじ½

塩…1つまみ

🍲 道具

紙コップ…2個

パンの耳は手で小さくちぎる。

玉ねぎはみじん切りにする。

小さめのボウルに卵を割り入れ、よくかき混ぜて卵液を作る。

別のボウルにバターを入れ、室温でやわらかくしてからスプーンで練りつぶす。

バターの上に玉ねぎ、とうもろこし、塩、砂糖、マヨネーズ、シュレッドチーズを加え、よく混ぜる。

卵液は、ほかの材料を十分に混ぜてから入れること

3の卵液を加え、材料とよく混ぜ合わせてから、パンを入れる。

パンがしっとり湿る程度がよい。全体がどろどろになるまでしっかり和える

スプーンを使って材料をよく和える。

カップの数を増やすなら温め時間ものばそう

レンジの機種などにより時間は調節。紙容器は長時間レンジにかけると燃える場合があるので要注意！オーブン機能の使用はやめましょう

紙コップの²∕₃までを目安に7のパンをしっかり押しこみ、電子レンジに入れる。700Wで3分〜3分30秒（500Wで4〜5分／2カップ分を基準）温める。

カップパンをレンジから取り出し、器にひっくり返したら完成。

설탕빠다빵

バターシュガーパン

バターの香りと
砂糖の甘さがベストマッチ

🍳 材料

食パン（8枚切り）…2枚

バター…40g

砂糖…大さじ1

砂糖の粒のカリカリ食感が醍醐味
なので、砂糖は溶かそうとしないこと

1 ボウルにバターを入れ、常温で少し置いてやわらかくする。

2 スプーンを使ってバターを練りつぶす。

3 バターに砂糖を加えてよく混ぜる。

4 パンの片面に3のバターシュガーペーストをまんべんなく広げて塗る。

5 その上にもう1枚のパンをかぶせる。

冷蔵庫で冷やして食べると、
バターが固まってよりよい食感に!

6 食べやすいサイズに切ったら完成。

ひと口かじれば、なつかしい甘さが口の中いっぱいに!

PART 2 手軽にオシャレなパンメニュー

カフェのブランチで
おなじみの
メルトトーストを
自宅で！

햄멜트토스트
ハムのメルトトースト

⚖ 材料

食パン（8枚切り）…2枚

スライスハム…1枚（10g）

チェダースライスチーズ…2枚

シュレッドチーズ（モッツァレラ）…⅓カップ（33g）

バター…16g

パンにマヨネーズを塗ってから
チーズをのせるとさらに美味！

1 パンにチェダースライスチーズをの
せる。チーズは切ってパンの余白が
見えないように敷きつめる。

2 チーズの上にスライスハムをのせる。

モッツァレラチーズはたっぷり
のせるのがポイント！

3 スライスハムの上にシュレッドチーズ
をまんべんなく広げてのせる。

4 もう1枚のパンを上にかぶせる。

5 フライパンを弱火にかけ、熱くなっ
たらバターを入れる。バターはパン
の大きさくらい広くのばして溶かす。

6 バターが溶けたらトーストをのせ、
弱火で焼く。

最初に返すときさえ注意すれば、
あとはチーズが溶けて中身が
くっつくので、次からは返しやすくなる

トーストをグッと押してみると、
中身がくっついたかどうかわかる。
モッツァレラチーズはすぐには
溶けないので、弱火で何度か
ひっくり返しながら焼くこと

7 木べらやフライ返しでトーストを押しながら、チーズが溶けるまで何度かひっ
くり返しながら焼く。

8 トーストの真ん中部分がわずかにへ
こむくらいまで焼いたら、火を止めて
器に移す。食べやすいサイズに切っ
たら完成。

ベーコン
食パンロール

しょっぱいベーコン、
やわらかいパン、ふわふわの
チーズが織りなす三重奏！

🍴 材料

食パン（8枚切り）…3枚

ベーコン…6枚（96g）

かにかまぼこ…20g

チェダースライスチーズ…1枚

玉ねぎ…約¼個（62g）

マヨネーズ（ソース用）…大さじ1

マヨネーズ（つなぎ用）…大さじ1

砂糖…大さじ⅓

塩…大さじ⅓

こしょう…少々

1 玉ねぎはみじん切りにする。かにかまぼこは手で小さく裂く。チェダースライスチーズは3等分する。

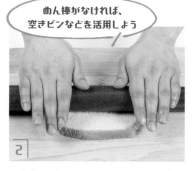

めん棒がなければ、空きビンなどを活用しよう

2 まな板の上にパンをのせ、めん棒で平たくのばす。

3 ボウルに玉ねぎ、砂糖、塩、かにかまぼこ、マヨネーズ、こしょうを入れ、スプーンで和える。

4 和えた具材を2でのばしたパンの片端にのせ、その上にチェダースライスチーズをのせる。反対側の端にはマヨネーズを塗る。

5 パンをくるくる巻いていき、マヨネーズをつなぎにしてくっつける。

6 5のパン全体を覆うようにして、ベーコン2枚を巻きつける。

最初にベーコンの端部分を焼くことで、くっついて崩れなくなる

7 フライパンを熱し、ベーコンのつなぎ目部分を下にして焼きはじめる。

8 弱火でじっくりと焼いていき、まんべんなくこんがりと焼けたら火を止める。

9 焼きあがったら斜めに切って器に盛りつける。

tip ペク先生のひとことメモ

かにかまぼこ以外にも、スモークハムをスティック状に切って入れてもおいしいですよ！

ひとり暮らしに役立つ
万能ヤンニョム③
炒めコチュジャンソース

ホンパブ族の食卓を、華麗に彩る救世主。「炒めコチュジャンソース」は、

豚肉をじっくり焦がすように炒めて出てきた脂と、野菜の水分、

そしてコチュジャンのうまみが絶妙に混ざり合った極上のヤンニョム（調味料）です。

ごはんものから麺料理まで何にでも使えて、

チゲや炒めものの味つけ調味料としても役立ちます。

また、ソースを作る際に自然と生まれる"コチュ油"を活用し、

いろんな料理に入れてみれば、それだけでお店の味に負けず劣らずの

深いコクが出ますので、ぜひ試してみましょう。

볶음고추장소스

炒めコチュジャンソース

肉と野菜のコクが
調和した何にでも合う
オールラウンドソース！

材料

コチュジャン…2カップ (468g)

豚ひき肉…1カップ (100g)

長ねぎ…1カップ (60g)

玉ねぎ…3カップ (300g)

にんにくのすりおろし
　…⅓カップ (56g)

しょうゆ…大さじ3

砂糖…½カップ (70g)

サラダ油…¾カップ (135mL)

1　玉ねぎはみじん切りにし、長ねぎは縦半分に切ってから0.3cm幅に切る。

2　フライパンを火にかけてサラダ油をそそぐ。

3　玉ねぎ、長ねぎ、豚ひき肉、にんにくのすりおろしを入れ、まんべんなく混ぜる。

4　豚肉が塊にならないよう気をつけて、ほぐしながら炒める。

油が出はじめたら、砂糖を入れ、油で焦がすようにかき混ぜながら炒める。

しょうゆをフライパンの端から回し入れ、さらにかき混ぜながら炒める。

コチュジャンを加え、よくかき混ぜる。

油は捨てないこと！

弱火で10分以上かき混ぜながら炒めた後、火を止める。冷ましたら完成。

十分に冷ましたら、密閉容器に入れて冷蔵庫で保管する。

ペク先生のひとことメモ

tip

コチュジャンを炒める際は、サラダ油を多めに入れておくと、できたソースをより長く保存することができ、味の深みも増します。ソースを冷ますと上に油の層ができますが、これが空気を遮断してくれるため、密閉効果が生じます。こうして密閉容器に入れて冷蔵すれば、最長1カ月程度はおいしく食べられますよ！

炒めコチュジャンソースの活用法

炒めコチュジャンソースは、韓国式ホットソース、東南アジア風ホットソースに比べて
保存できる期間が長いので、ホンパブ族にはこの上なく頼りになるソースです。
ずっとかき混ぜながら炒めなければいけないのでちょっと忍耐力が必要ですが、
一度作っておけば活用法は無限大。ビビン麺（混ぜ麺）やチゲはもちろん、
ラーメン、ビビンバ、チュモクパプ（おむすび）など、いろいろと試してみましょう。

ラーメン

いつもとひと味違う濃厚ラーメンスープを求
めるなら、炒めコチュジャンソースを加えて
みましょう。より辛くて奥深い味のラーメン
を楽しめるはず。

ヨルムボリビビンバ

これといったおかずがない日は、ヨルム（大
根の若葉）キムチと炒めコチュジャンソースを
麦ごはんにかけて混ぜれば、一級品のビビン
バに。ソースの豚ひき肉と、ヨルムキム
チのシャキシャキ感が調和して食欲を刺激！

チュモクパプ（おむすび）

白いごはんに炒めコチュジャンソースを加え
て混ぜてから、形を整えて韓国のりをくっつ
ければ、パパッと簡単に特別なおむすびが
完成。お好みでマヨネーズなどを加えて味
を変化させても楽しいですよ。

볶음고추장비빔면

炒めコチュジャンビビン麺

一度食べたらもうやみつき。
魔性のコチュジャン混ぜ麺

📏 材料

サリ麺（鍋用インスタントラーメン）…1個

きゅうり…½本（44g）

炒めコチュジャンソース…大さじ 1½（33g）

ごま油…大さじ½

水…2カップ（360mL）

1 きゅうりは幅0.3cm、長さ4cmの千切りにする。

2 鍋に水をそそいで火にかけ、沸騰してきたら麺を入れる。

ラーメンをゆでる際は、時々麺を持ち上げるとシコシコの食感に！

3 トングなどを使って麺を持ち上げながらほぐしてゆでる。

4 麺がゆであがったら火を止め、ざるに上げて速やかに冷水ですすぎ、よく水気を切る。

5 十分に水気を切ったら、麺を器に盛りつける。

6 麺の上に炒めコチュジャンソースをのせる。

7 きゅうりをトッピングして、ごま油をかけたら完成。

シコシコ食感の麺に炒めコチュジャンソースをササッと混ぜたら、あっという間にお皿が空っぽに！

万能ヤンニョム③　「炒めコチュジャンソース」

99

볶음고추장찌개
炒めコチュジャンチゲ

> 炊きたてごはんと
> 一緒にひと口食べれば、
> ピリ辛の刺激で
> 元気復活!

⚖️材料

青とうがらし…1個 (10g)

赤とうがらし…½個 (5g)

長ねぎ…½本 (50g)

ひらたけ…1カップ (40g)

玉ねぎ…¼個 (62g)

ズッキーニ…¼個 (80g)

じゃがいも…中サイズ1個 (135g)

にんにくのすりおろし…大さじ½

炒めコチュジャンソース…大さじ1½ (33g)

炒めコチュジャンソースの油…大さじ2

クッカンジャン[薄口しょうゆ]…大さじ1½

こしょう…適量

水…2カップ (360mL)

ひらたけは必ず石づきを取り除くこと！

長ねぎは幅0.4cm、長さ2cmの斜め切りに。玉ねぎ、じゃがいもは半分に切ってから0.4cm幅に刻む。ひらたけは石づきを取り除いて手で小さく裂き、ズッキーニは4等分してから0.4cm幅に切る。青とうがらし、赤とうがらしは0.5cm幅に刻む。

鍋にじゃがいも、ズッキーニ、玉ねぎ、ひらたけ、長ねぎ、青とうがらし、赤とうがらしを入れる。

鍋に水をそそぎ、火にかける。

炒めコチュジャンソースを作ったときにできた油を活用！

炒めコチュジャンソース、炒めコチュジャンソースの油を入れる。

クッカンジャン、にんにくのすりおろし、こしょうを加える。

ヤンニョム（調味料）と具材がよくなじむようにかき混ぜてから、強火にしてグツグツ沸騰させる。

スープが一度沸騰してきたら味を見て、物足りない場合はクッカンジャンで味を調える。野菜に火が通るまで煮込んだら完成。

PART

3

おもてなしにも便利！
おかず＆
おつまみメニュー

ホンパブ族にも、自宅にお客さんを招いたり、
大切な人のために腕を振るったりという場面があるでしょう。
そんなとき、慌てずにサッと作れるおつまみやおかずのレパートリーがあると便利です。
韓国ごはんの定番であるトッポッキやチヂミをはじめとした、
老若男女が好む軽食メニューを一挙紹介。
ペク先生のレシピをいくつか覚えておけば、
たとえ料理初心者でもベテランの風格を出せること請け合いです。

기름떡볶이
キルムトッポッキ

絶品ヤンニョムと
絡めたトッポッキの
キルム（油）炒め！

🏺 材料（2人分）

トッポッキの餅…2カップ（320g）

長ねぎ…½カップ（30g）

粉とうがらし（粗挽き）…大さじ1

粉とうがらし（細挽き）…大さじ½

砂糖…大さじ1

ごま油…大さじ1

しょうゆ…大さじ1½

サラダ油…大さじ3

1 長ねぎは縦半分に切ってから0.3cm幅に刻む。

米のトッポッキや、小麦のトッポッキなどがある。ここではなんでもOK！

2 ボウルにトッポッキの餅、粉とうがらし（粗挽き）、粉とうがらし（細挽き）、砂糖、しょうゆ、ごま油を入れる。

3 ヤンニョム（調味料）が餅にまんべんなく絡むよう手で軽くもんで和えてから、長ねぎを加える。

とうがらしを素手で触ると手が痛くなるので、必ず手袋を用意！

4 再度、手で軽くもんで和える。

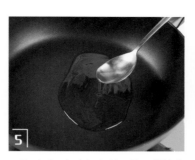

5 フライパンを火にかけ、サラダ油をひく。

6 4で和えたトッポッキを入れる。

7 ジュージューと音が軽く聞こえる程度の弱火で、ゆっくりトッポッキを混ぜながら炒める。

8 トッポッキの餅に火が通り、プニプニした状態になったら完成。

tip

ペク先生のひとことメモ

キルムトッポッキは、箸を使わずつまようじで刺して食べるのが韓国流です！

국물떡볶이

スープトッポッキ

老若男女に愛される
韓国の「国民的間食」

🏺 材料（2人分）

トッポッキの餅（小麦餅*）…3½カップ（420g）

韓国おでん（揚げかまぼこ）…2枚（72g）

煮干し粉…大さじ2

切り出し昆布（5×5cm）…3枚

長ねぎ（トッポッキ用）…½本（50g）

長ねぎ（仕上げ用）…½本（50g）

＊米餅でもOK。

コチュジャン…大さじ1

粉とうがらし（粗挽き）…大さじ2

しょうゆ…大さじ1

砂糖…大さじ1

ミョルチエキス（魚醤）…大さじ1

水…3カップ（540mL）

煮干し粉の作り方（※すでに粉が用意できている場合は**4**へ）

完成した煮干し粉から、大さじ2を使おう！

1 だし用の煮干し**を用意し、頭と内臓を取り除く。

＊＊編注：20gが目安

2 フライパンを火にかけ、油はひかずに煮干しを乾煎りする。

3 乾煎りした煮干しを冷ましたら、ミキサーで細かく挽いてパウダー状にする。

4 韓国おでんは5cm×1cmの大きさに切る。長ねぎはトッポッキ用を縦半分に切ってから5cmの長さに切り、仕上げ用は0.5cm幅の小口切りに。

5 トッポッキの餅は、水を張ったボウルに入れてさっと洗い、ざるに上げて水気を切る。

韓国おでんはスープが沸く前に入れておけばだしの味がよくしみこむ。昆布は途中で取り出さなくてもOK！

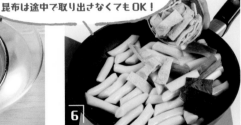

6 フライパンに餅、長ねぎ（トッポッキ用）、昆布、韓国おでんを入れる。

このレシピではにんにくは使わない。魚醤がなければ、しょうゆで調整！

7 煮干し粉、コチュジャン、粉とうがらし、しょうゆ、ミョルチエキス（魚醤）、砂糖を入れる。

8 水をそそいで火をつける。材料をよく混ぜたら、強火にして、トッポッキの餅が浮かんでくるまでグツグツ沸騰させる。

9 ねぎがしんなりしたら、仕上げ用の長ねぎを追加し、完成。

tip ペク先生のひとことメモ

煮干し粉は密閉容器に入れて冷蔵（または冷凍）保存ができます。
水に煮干し粉を入れて煮込めば、味噌汁、うどんなどの汁物料理の基本だしとして活用可能です。

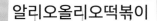

アーリオオーリオトッポッキ

ガーリックと
オリーブオイルの幸福な出会いが
高級感を演出

🍳 材料(2人分)

トッポッキの餅(小麦餅*)…3カップ(360g)

干しエビ(パウダー用)…1カップ(30g)

干しエビ(トッポッキ用)…5尾

わけぎ…2本(20g)

にんにく…10粒(40g)

　(みじん切り用7粒+スライス用3粒)

砂糖…大さじ1

塩…ひとつまみ

オリーブオイル…⅓カップ(60mL)

＊米餅でもOK。

干しエビをミキサーにかけて細かく挽き、パウダー状にする。

わけぎは0.3cm幅の小口切りに。粒にんにくは7粒を粗みじん切りにし、残り3粒は薄くスライスしておく。

みじん切り：粒にんにくを包丁の腹で押して平たくしてから、粗めに細かく刻む。

弱火で揚げるように炒めることでにんにくの香りがオイルになじみ、より香ばしい味が出る

トッポッキの餅は、水を張ったボウルに入れてさっと洗い、ざるに上げて水気を切る。

フライパンにオリーブオイルをひいて火にかけ、スライスしたにんにく、みじん切りのにんにくを入れ、色づく程度まで弱火でかき混ぜながら炒める。

にんにくがこんがりしてきたら、干しエビ5尾を入れる。

トッポッキの餅を入れて混ぜる。

1のパウダー、塩を入れ、かき混ぜながら餅がプニプニになるまで焼く。

砂糖を1カ所に固まらないようにまんべんなく振って混ぜる。わけぎを入れてさらに混ぜ、炒める。

最後に強火にし、餅の表面はパリッと、中はやわらかく仕上げるのがコツ！

餅に火が通ったら、強火で少し焦がしてから火を止め、器に盛りつけたら完成。

tip

ペク先生のひとことメモ

ヤンニョム（調味料）から砂糖を抜けば、アーリオオーリオパスタのベースとしても活用可能です。

エッグベネディクト

食パンと冷蔵庫の中の材料で、
お手軽エッグベネディクト！

🍳 **材料（2人分）**

食パン（8枚切り）…2枚
スライスハム…6枚（60g）
卵…2個
ズッキーニ…½本（116g）
サラダ油…⅓カップ（60mL）

🧴 **オランデーズソース**

バター…40g	塩…適量
卵黄…1個分	こしょう…適量
酢…大さじ½	水…大さじ½
砂糖…大さじ¼	

1 ズッキーニは幅0.3cm、長さ6cmに切る。

2 フライパンを火にかけ、油を入れずにズッキーニを焼く。表面がこんがりしたら取り出す。

玉ねぎ、きのこ類など、冷蔵庫の中に残っている食材も活用可能！

3 フライパンに油（適量）をひき、スライスハムをこんがり焼く。

お手軽オランデーズソースの作り方

水があふれないように注意！

4 鍋に水（分量外）をそそぎ、ガラスのボウルを入れる。

5 ボウルの中にバターを入れ、鍋を火にかけ、湯せんで溶かす。

6 バターがすべて溶けたら火を止める。

7 卵を割り、黄身の部分だけを別のボウルに入れる。

8 黄身に塩、こしょう、酢、水を加える。

泡立て器を使って黄身を混ぜたら、溶かしたバターを3回に分けて入れながら、泡が出るまで同じ方向に混ぜ続ける。

砂糖を入れ、卵液と溶け合うまで泡立て器で混ぜたら、オランデーズソースが完成。

フライパンを火にかけ、パンを焼く。弱火で両面がこんがりするまで焼いたら取り出す。

小さめのボウルに卵を割り入れる。

フライパンに油をひいて火にかけ、十分に熱したら、フライパンを少し傾けて油が溜まった側に卵を入れる。

再度12〜14で
目玉焼きをもうひとつ作ろう

油に浸しながら揚げるようにして目玉焼きを作っていく。途中、スプーンで油をすくって黄身の部分にかける。黄身が好みの固さになったら火を止める。

器に11のトーストを置き、2で焼いたズッキーニを広げてのせる。

ズッキーニの上に、3で焼いたハムを、うまく折って3枚ずつ重ならないように並べる。

ハムの上に目玉焼きをのせる。

ソースはパン1枚に
大さじ3程度が目安。
お好みでもっとかけてもOK！

仕上げにオランデーズソースをかけたら完成。

人気のカフェメニューが簡単に！
おうちでも優雅にフレンチ気分。

113

メキシカンサラダ

> キャベツの食感が
> 存分に楽しめる、
> さっぱり味のサラダ

🍳 材料 (2人分)

▼ コールスロー

キャベツ…⅛玉 (300g)

生クリーム…½カップ (90mL)

塩…大さじ½

粗挽きこしょう…大さじ⅙

▼ メキシカンサラダ (コールスローに追加)

スライスハム…5枚 (50g)

にんじん…⅓本 (54g)

マヨネーズ…大さじ3

砂糖…大さじ1

酢…大さじ1

スライサーを使うと便利！

1. キャベツはできるだけ薄く千切りにする。

2. にんじんは幅0.3cm、長さ6cmの千切りに。スライスハムは幅0.4cm、長さ8cmに切る。

コールスローの作り方

塩漬けにするときは塩加減が重要！

3. ボウルにキャベツを入れて塩を振り、キャベツに塩味がなじむよう手で混ぜる。

途中でキャベツを1、2回かき混ぜると漬かりやすくなる

4. キャベツを丁寧に手でもみ、しんなりして水気が出てくるまで25分ほど置く。

水気を十分にしぼることでシャキシャキ食感が出る

5. 25分経ったら、両手でキャベツの水気を十分にしぼってから、新しいボウルに移す。

6. しぼって固まったキャベツを手でほぐしていく。

粗挽きこしょうがなければ普通のこしょうでも代用可。

7. 生クリーム、粗挽きこしょうを入れ、まんべんなく和えたらコールスローが完成。

マヨネーズの量はお好みで調整しよう！

8. コールスローに、2のにんじん、ハムを入れ、酢、砂糖、マヨネーズを加える。

9. 手で具材をよく和える。

10. 器に盛りつけたら、メキシカンサラダの完成。

tip

ペク先生のひとことメモ

メキシカンサラダは、パンにのせて食べてもおいしいですよ！

バナナミルクシェイク

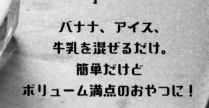

バナナ、アイス、
牛乳を混ぜるだけ。
簡単だけど
ボリューム満点のおやつに！

📐 材料（2杯分）

バナナ…1本（110g）

バニラアイスクリーム…2カップ（200g）

牛乳…2カップ（360mL）

砂糖…大さじ1

バナナの皮をむく。

バナナを手で折ってミキサーに入れる。

牛乳を入れる。

バニラアイスクリームを入れる。

砂糖を入れる。

ふたをしてミキサーのスイッチを入れる。

バナナの塊が残らなくなるまでミキサーにかけ、なめらかにする。

グラスにそそいだら完成。

tip ペク先生のひとことメモ

バナナの代わりにピーナッツバター（大さじ1）を使えば、ピーナッツミルクシェイクにもアレンジ可能！

とうもろこしのチヂミ

おうちでササッと簡単！
ベーシックかつベストな
おつまみ！

⚖ 材料（2人分）

缶詰とうもろこし…1缶（340g）

天ぷら粉…½カップ（50g）

練乳…大さじ4

サラダ油…大さじ6

水…⅓カップ（60mL）

1 缶詰とうもろこしはざるに上げ、水気を切る。

2 水気を切ったとうもろこしをボウルに入れ、天ぷら粉、水を加える。

3 スプーンで材料をまんべんなく混ぜ、どろどろした状態の生地を作る。

4 熱したフライパンに油をひき、とうもろこしの生地を入れる。

5 大きく焼きすぎるとバラバラになりやすいので、初心者は小さめサイズをいくつか作ってもOK！

スプーンを使って生地を丸い形に整える。

ひっくり返す際、とうもろこしの粒が少し落ちても慌てないこと！

6 フライ返しなどを使ってひっくり返しながら、両面ともこんがり焼く。

7 カリカリに焼けたら火を止め、チヂミを器に移す。

練乳の量はお好みで調整を。代わりに砂糖を振ってもおいしい

8 練乳をきれいにかけたら完成。

참치밥전

ツナとごはんのチヂミ

あらゆるお酒に
ベストマッチ。
軽食としても大活躍！

材料（2人分）

ツナ缶…1缶（100g）

冷やごはん…茶碗⅔杯（150g）

卵…1個

缶詰とうもろこし…大さじ2（32g）

青陽とうがらし*…1個（10g）

長ねぎ…½本（50g）

にんじん…¼本（45g）

玉ねぎ…¼個（62g）

にんにくのすりおろし…大さじ¼

砂糖…大さじ⅙

塩…大さじ⅙

カナリエキス（魚醤）…大さじ½

チヂミ粉…大さじ2

サラダ油…⅕カップ（36mL）

＊青とうがらしで代用可。

ツナのつくね生地の作り方

にんじん、玉ねぎはみじん切りに。青陽とうがらし、長ねぎはそれぞれ縦半分に切ってから0.3cm幅に刻む。

ボウルに1の野菜をすべて入れる。

魚醤はどんな種類でもOK。チヂミ粉がなければ小麦粉で代用可

ツナ缶は油も一緒に！

にんにくのすりおろし、砂糖、塩、カナリエキス（魚醤）、チヂミ粉、卵、ツナ缶を入れる。

野菜から出る水分で生地がベットリしてくれば、ツナの生地が完成！

スプーンを使ってまんべんなく混ぜて、生地を作る。

缶詰とうもろこしは、なければ入れなくても大丈夫

缶詰とうもろこしはざるに上げて水気を切る。

4の生地に冷やごはん、とうもろこしを入れ、スプーンで和える。

チヂミの大きさは好みで。ただし、うまくひっくり返す自信がなければ小さめに！

フライパンに油をひいて火にかけ、温まったらスプーンで生地をすくってのせていく。

弱火で少しずつ焼いて火を通す。スプーンやフライ返しを使って上下をひっくり返しながら、両面ともこんがり焼く。

火を止めて、器に盛りつけたら完成。

tip ペク先生のひとことメモ

1〜4の工程でできたツナのつくね生地は、そのまま焼いてケチャップをつけて食べてもいいし、パンの間にパテとして挟めばツナバーガーにもなります。

홍합탕

ムール貝のスープ
（ホンハプタン）

韓国ではおなじみの
ムール貝。
スッキリさわやか、
ピリ辛スープに！

📏 材料（2人分）

ムール貝…3カップ（300g）

青陽とうがらし＊…3個（30g）

長ねぎ（スープ用）…½本（50g）

長ねぎ（トッピング用）…¼本（25g）

玉ねぎ…¼個（62g）

塩…大さじ¼

水…3カップ（540mL）

＊青とうがらしで代用可。

ムール貝の下処理

青陽とうがらしはへたを取り縦に長く切り込みを入れる。玉ねぎは¼サイズで用意。長ねぎはスープ用を7cm程度のぶつ切りに、トッピング用を0.3cm幅の小口切りにする。

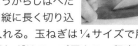

継ぎ目と反対方向に引くと、貝の身が傷つくことがあるので注意！

ムール貝の足糸（ヒゲ）を、貝の継ぎ目がある方向に引っ張って取り除く。

ムール貝を水に浸し、殻同士をこすって汚れを落とし、濁った水が出なくなるまできれいに洗う。

水に長く浸すとうまみが抜けてしまうので、洗ったらすぐにざるで引き上げる。

ムール貝は熱湯では殻をあけにくいので、水からゆでる

鍋に水3カップをそそぎ、下処理したムール貝を入れる。

さらに長ねぎ（スープ用）、玉ねぎ、青陽とうがらしを入れ、火をつけてから一度混ぜる。

泡は取り除かない。沸騰してしまえば消える

スープが白っぽくなり、泡が出て沸騰してきたら、塩を加えて混ぜる。

ムール貝はうまみが逃げやすいので、下処理後は手早く調理し、新鮮なうちに食べよう

泡が消えたら、玉ねぎ、長ねぎ（スープ用）、青陽とうがらしを取り出して、火を止める。

酢を少し足すと、シーフードの深い味わいを感じられる

貝とスープを器に盛りつけ、トッピング用の長ねぎをのせたら完成。

ギュギュっとうまみを
凝縮した蒸し焼きき、
自宅でお手軽に！

바지락찜
アサリのホイル焼き

⚖ **材料（2人分）**

アサリ…2カップ（360g）
青陽とうがらし＊…2個（20g）
にんにくのすりおろし…大さじ1
サラダ油…大さじ2

＊青とうがらしで代用可。

🧰 **道具**

アルミホイル…50cm

アルミホイルを50cm程度の長さに切り、平らなところに広げて、砂抜きしたアサリをのせる。

アサリの上に、にんにくのすりおろし、ハサミで1cm幅に切った青陽とうがらしをのせる。

ペク先生のひとことメモ

「アサリの砂抜き」
①ボウルにアサリを入れ、貝が浸る程度に水をそそぎ、塩*を入れてかき混ぜながら溶かす。
②アルミホイルや黒いビニール袋で覆い、涼しい場所に3時間ほど置く。塩水に浸したアサリは真っ暗な場所のほうがよく砂が抜ける。長く砂抜きしすぎると貝のうまみが抜けてしまうので、3時間程度がよい。
③砂抜きしたアサリを水で何度か洗ってきれいにする。

＊500mLの水に対し、塩大さじ1が目安。

アサリの上からサラダ油をかける。

ホイル焼きは古いフライパンでもできる。ホイルはひっくり返さないこと

アサリが見えなくなるようにホイルを半分に折る。

汁が漏れないよう、あいた3辺を丁寧に折る。

アサリのホイル包みをフライパンにのせ、火にかける。ホイルがふくらんでくるまで火を通す。

ホイルがパンパンにふくらんだら、火を止める。

ホイルごと器に移し、ハサミを使って中央部分を十字に切る。

切った部分をあけて広げたら完成。

125

PART 3　おかず&おつまみメニュー

목살고추장구이

モクサルのコチュジャン焼き

フライパンで韓国焼肉。
モクサル（豚肩ロース）の
ピリ辛ステーキ！

材料（2〜3人分）

豚肉（肩ロース）…500g

トッポッキの餅…190g

にんにくのすりおろし…大さじ1½

粉とうがらし（粗挽き）…大さじ1¼

しょうゆ…大さじ2½

砂糖…大さじ3

コチュジャン…大さじ3

ごま油…大さじ2

サラダ油…大さじ½

水…⅓カップ（60mL）

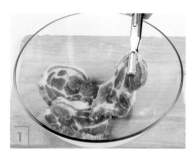

1 大きめのボウルに、豚肩ロース肉を重ならないように広げて入れる。

2 豚肉に砂糖を振り、よくなじむように手でもむ。

3 にんにくのすりおろし、コチュジャン、粉とうがらし、しょうゆ、ごま油を入れる。

4 豚肉にヤンニョム（調味料）がよくなじむように手で十分にもむ。

5 豚肉をボウルから取り出し、密閉容器に移す。

冷蔵庫で、最低１時間以上は寝かせるとよい

6 ヤンニョムが残ったボウルに、トッポッキの餅を入れて和える。その後、豚肉と同じ密閉容器に入れ、しばらく寝かせる。

7 油をひいて熱したフライパンに、寝かせておいた豚肉とトッポッキを入れる。肉は片面に火が通ったらひっくり返す。

8 油がはねることがあるので注意！

9 豚肉に完全に火が通り、ヤンニョムが煮詰まったら、火を止めて完成。

肉をひっくり返したら水を入れる。煮詰めるように焼いてヤンニョムを肉になじませる。

自家製
ワイゼンビール

ビールにマッコリを
混ぜただけで、フレッシュな
ドイツビールの味わいに!?

⚖ **材料（2杯分）**

マッコリ…⅔カップ（120mL）

ビール…3½カップ（630mL）

スライスレモン…2切れ（12g）

🍲 **道具**

ビールグラス…約450mLサイズ×2個

※ワイゼンビールとは、発酵期間が短い
　フレッシュなビールのこと。

128

レモンは0.3cm幅にスライスしたものを用意しておく。

ビールグラスにスライスレモンを1枚入れる。

吹き出しに注意！

マッコリのボトルは底に沈殿物があるので、上下に振って混ぜる。

グラスにマッコリを1/5程度までそそぐ。

マッコリの上から、ビールをグラスいっぱいまでそそぐ。

箸を使ってかき混ぜたら完成。

全レシピ一覧

チーズ入りラーメンチヂミ
p36

韓国風麻婆豆腐丼
p38

キムチ鍋飯
p40

タイ風
パイナップルチャーハン
p42

ハワイアン韓国むすび
p44

カニカマ韓国むすび
p46

アミの塩辛チャーハン
p48

カクトゥギチャーハン
p50

豆腐そうめん
p52

ねぎ油そうめんチャンプルー
p54

冷やしわかめうどん
p56

ごまだれビビンうどん
p58

全レシピ一覧

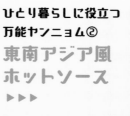

ひとり暮らしに役立つ
万能ヤンニョム②
東南アジア風
ホットソース
▶▶▶

まろやかカレーうどん
p60

ウッポッキ　p62

東南アジア風ホットソース
p66

おひとりさまを優雅に！
手軽に
オシャレな
パンメニュー
▶▶▶

ラーメンパスタ
p70

うま辛たまごめし
p72

カロリー爆弾トースト
p76

香港式フレンチトースト
p78

パンプディング
p80

カスタードの
スフレオムレツ
p82

レンジで作れるカップパン
p84

ひとり暮らしに役立つ
万能ヤンニョム③
**炒め
コチュジャン
ソース**
▶▶▶

バターシュガーパン
p86

ハムのメルトトースト
p88

ベーコン食パンロール
p90

おもてなしにも便利！
**おかず＆
おつまみ
メニュー**
▶▶▶

炒めコチュジャンソース
p94

炒めコチュジャンビビン麺
p98

炒めコチュジャンチゲ
p100

キルムトッポッキ
p104

スープトッポッキ
p106

アーリオオーリオ
トッポッキ
p108

エッグベネディクト
p110

全レシピ一覧

メキシカンサラダ
p114

バナナミルクシェイク
p116

とうもろこしのチヂミ
p118

ツナとごはんのチヂミ
p120

ムール貝のスープ
p122

アサリのホイル焼き
p124

モクサルの
コチュジャン焼き
p126

自家製ワイゼンビール
p128

著者紹介

ペク・ジョンウォン

韓国の大手外食企業「THE BORN KOREA」代表。1993年より外食産業に足を踏み入れ、現在は「本家（ボンガ）」「ハンシンポチャ」「香港飯店0410」「セマウル食堂」「ペクタバン（PAIK'S COFFEE）」など数多くの人気外食チェーンを経営する実業家兼外食経営専門家。プロデュースした外食ブランドは20以上、運営する店舗数は2000を超える。日本、中国、アメリカ、オーストラリア、シンガポール、インドネシア、マレーシア、フィリピン、ベトナム、カンボジア、タイに進出し、韓国の食文化を世界に広めるべく尽力している。

その一方で、「料理するCEO」として数多くの料理番組にも出演。一般の家庭でも手軽に楽しめるオリジナルレシピを考案し、自ら紹介するYouTubeチャンネル「Paik's Cuisine」は、登録者数500万人を超える（2021年10月現在）。

訳者紹介

佐島顕子

研究者、翻訳者。1963年、岡山県生まれ。1993年から韓国に通い、留学せずに韓国語を習得。取材・翻訳・コーディネートを経験。福岡女学院大学勤務。

Staff

デザイン	横地綾子（フレーズ）
DTP	小松桂子（フレーズ）
校閲	小学館クリエイティブ校閲室
編集	寺澤 薫（小学館クリエイティブ）

ペク先生のやみつき韓国ごはん
毎日ラクうま!　おひとりさまレシピ

2021年11月22日　初版第1刷発行

著　者　　ペク・ジョンウォン
訳　者　　佐島顕子
発行者　　宗形　康

発行所　　株式会社小学館クリエイティブ
〒101-0051 東京都千代田区神田神保町2-14 SP神保町ビル
電話0120-70-3761（マーケティング部）

発売元　　株式会社小学館
〒101-8001 東京都千代田区一ツ橋2-3-1
電話03-5281-3555（販売）

印刷・製本　大日本印刷株式会社

ⓒ Shogakukan Creative 2021 Printed in Japan
ISBN 978-4-7780-3571-6

・造本には十分注意しておりますが、印刷、製本など製造上の不備がございましたら、小
学館クリエイティブ マーケティング部（フリーダイヤル 0120-70-3761）にご連絡ください。
（電話受付は、土・日・祝休日を除く9：30～17：30）
・本書の一部または全部を無断で複製、転載、複写（コピー）、スキャン、デジタル化、
上演、放送等をすることは、著作権法上での例外を除き禁じられています。
代行業者等の第三者による本書の電子的複製も認められておりません。

ⓒ 백종원의 혼밥메뉴（Paik Jong Won Ui Honbab Menu by Paik Jong Won）
All rights reserved.
Original Korean edition published in 2018 by Seoul Cultural Publishers, Inc., Seoul.
Japanese translation rights in Japan arranged with Shogakukan Creative Inc.
through Somy Media, Inc.